ТБ 54 1135

DU

Suffrage Universel

DIRECT.

DU

SUFFRAGE UNIVERSEL

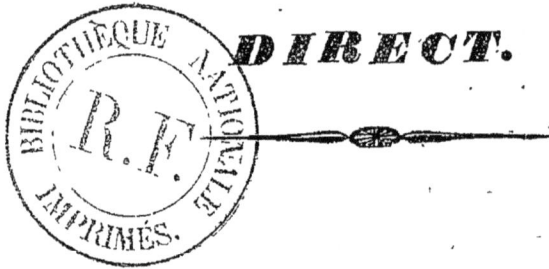

DIRECT.

Au moment où l'Assemblée nationale s'occupe enfin de la constitution qui doit régir notre jeune République, il n'est point hors de propos que tout citoyen qui a quelque peu réfléchi et observé la société française dont il fait partie et au milieu de laquelle il vit, apporte aussi sa pierre à ce vaste édifice, en livrant à la publicité ses réflexions à ce sujet: cette polémique ne peut qu'éclairer la discussion.

Qui dit République dit le gouvernement de tous pour tous,

Egalité de droits et devoirs politiques et sociaux.

Si les hommes étaient tous égaux en moralité, en intelligence, en savoir et en indépendance, un pareil gouvernement irait tout

1849

seul, et serait d'une simplicité de forme sans
égale. Mais malheureusement il n'en est point
ainsi; notre société se compose d'hommes hon-
nêtes et d'hommes pervers, d'hommes instruits
et d'ignorants, d'hommes indépendants par
caractère et d'hommes servils. Il devient donc
difficile, pour ne pas dire impossible, de leur
accorder à tous les mêmes droits politiques, et
de leur imposer les mêmes devoirs. La somme
de ces droits et de ces devoirs doit, si le législ-
lateur est conséquent avec lui-même, ne leur
être reconnue que suivant la mesure de leur
moralité, de leur intelligence, de leur indépendance.

Dans un tel gouvernement, tous les pouvoirs
de l'état doivent être une émanation vraie de
la volonté de la majorité de la nation, qui
confie le mandat de la gouverner et de faire
des lois à ceux en qui elle a le plus de con-
fiance. La loi qui règle le mode à employer
pour faire se manifester la volonté nationale,
la loi électorale enfin, est donc celle sur laquelle repose l'avenir de la République; car
si elle est vicieuse, elle ne permet pas de se
manifester librement la volonté de la majorité
de la nation. La souveraineté nationale est
faussée, le gouvernement républicain péche
par sa base et ne peut plus vivre.

La première chose à faire pour la constitution de la République, c'est donc une bonne

loi électorale. C'est ici le lieu d'avoir le cou-
rage de son opinion, dussent certains esprits
en être blessés.

La loi électorale qui fait voter le citoyen
lettré et celui qui est illettré, le domestique à
gage et celui qui le tient à son service;

Qui fait voter chez lui le citoyen qui ha-
bite le chef-lieu de canton et qui envoie
voter, à ses frais, à 20 ou 25 kilomètres,
l'habitant des campagnes;

La loi enfin qui, tout récemment, a fait
nommer Raspail à Paris par 66,963 voix sur
406,840 électeurs inscrits, c'est-à-dire par le 6ᵉ
des électeurs, est-elle une bonne loi?

Évidemment non.

La preuve en est dans ses effets. Il est
tel canton où, lors des élections du Conseil
général, un électeur seul sur dix inscrits a voté,
et telle commune rurale où il n'en a voté
qu'un sur 40 ou 50 inscrits. En moyenne, sur
toute la France, je ne pense pas qu'il y ait
plus d'un huitième des électeurs qui ait voté
pour ces dernières élections. La faute en est aux
électeurs, disent les uns; je dis moi: la faute
en est à la loi, et cela se conçoit sans peine.

Les quatre cinquièmes des électeurs, au moins,
vivent de leur travail journalier; exiger d'eux
un déplacement et une perte de temps, c'est
leur imposer un sacrifice, un impôt dont ils

s'affranchissent en ne votant pas. Leur accorder
des droits politiques qu'ils ne peuvent remplir
qu'au prix d'un sacrifice d'argent qui appau-
vrit leurs familles, c'est les leur faire payer
trop cher ; ce qu'il faut, c'est les leur accorder sans qu'il leur en coûte rien.

Pour cela deux moyens: le vote direct à la
commune, ou le vote à deux degrés.

Le vote direct à la commune consisterait à
faire voter tous les électeurs dans leurs communes respectives, à faire le recensement au
canton et au département. Il obvie à l'incon-
vénient du déplacement, qui est un impôt, c'est
déjà beaucoup ; c'est le seul avantage sérieux
qu'il offre. Ses inconvénients, ils sont nombreux:
il livre le vote à l'influence de quelques avo-
cats de village, peut faire naître autant de can-
didatures que de communes, par la difficulté
de les faire, au préalable, s'entendre toutes, et
de la sorte, rendre très-difficile une majorité
absolue pour les candidats élus, qui est cependant la seule admissible ; car si on admettait la
majorité relative, elle pourrait n'être que du
quart des votants, ou peut-être moins, ce qui
ne serait plus une majorité ; enfin la vérité de
ce mode de votation est d'un contrôle très-
difficile, dans les campagnes surtout.

L'élection à deux degrés, en ne prenant
toujours pour base que la population, me
paraît, à tous égards et quant à présent, le

seul mode rationnel pour arriver à l'expression
de la majorité de la nation. En effet, demander à un homme illettré de choisir et de nommer des représentants du peuple, un membre
du Conseil général, c'est demander à un aveu-
gle de faire un choix entre des couleurs. Aussi
il arrive aujourd'hui, ou qu'il ne vote pas,
ou qu'il vote de telle manière, pour complaire
à tel ou tel, duquel son existence dépend,
ou à tel ou tel autre, qui exerce sur lui une
influence plus ou moins honnête; les choses
se passent toujours ainsi, à moins qu'il ne
s'agisse d'un candidat de sa localité qu'il
connaisse intimement, ce qui est assez rare.
Ne serait-il pas plus rationnel de faire choisir
par les électeurs primaires, entre eux, un
électeur secondaire sur 10 ou sur 20 électeurs primaires, qui viendrait voter, soit au
canton, soit à l'arrondissement, quand il en
serait besoin. Evidemment le choix de chaque
électeur primaire, dans chaque commune,
tomberait sur les citoyens les plus éclairés et
les plus capables de la commune, et peu de
personnes illettrées y figureraient. Ce corps électoral secondaire offrirait toutes les garanties
d'indépendance, puisqu'il serait composé de
toutes les notabilités communales; il ne serait
point aristocratique, puisqu'il serait le produit
de l'élection de tous; il serait à la hauteur de
sa mission; tandis que, tel qu'il est constitué,

neuf électeurs sur dix ne sont pas à même d'apprécier aujourd'hui le mérite et la capacité des condidats à élire.

La majeure partie des électeurs vivant de leur travail journalier, ainsi que je le disais tout-à-l'heure, passent leur vie au milieu d'un cercle de personnes de leur voisinage qui est très-peu étendu, va souvent jusqu'à la commune, et rarement la dépasse. Leur donner mandat de choisir sur une liste de candidats à l'Assemblée nationale pour tout le département, alors que le plus souvent ils n'en connaissent aucun et ne peuvent se déplacer pour avoir des renseignements, c'est leur donner un droit dont ils ne peuvent user consciencieusement; c'est livrer leur vote au hasard, ce qui arrive le plus souvent, ou à l'intrigue, ce qui est pire encore; car c'est l'arme des mauvaises passions.

Certains esprits redoutent l'élection à deux degrés, parce qu'ils ont peur qu'elle donne trop d'influence à la propriété. Ces craintes sont sans fondements; la grande propriété, les grandes industries ont beaucoup plus d influence par le mode actuel, et bientot nous les verrons conduisant, ainsi qu'un troupeau de moutons, certains groupes d'ouvriers électeurs dont l'existence dépend d'eux, les faire voter à leur gré et disposer des majorités.

Les électeurs secondaires ne seraient point

ainsi à leur solde; car, le plus souvent, ce seraient de petits propriétaires dont l'existence
ne dépend de personne. Ils viendraient aux
élections, eux au moins, parce qu'ils compren-
draient leur mission, tandisque aujourd'hui,
le plus souvent, le vote des hommes indépendants qui ne s'occupent pas d'intrigue, en l'ab-
sence des indifférents, est sans portée, dominé
qu'il est par ces masses d'électeurs ignorants,
dirigées par un ou deux intrigants; de sorte que
ce prétendu vote universel n'est en réalité que
l'expression de la volonté d'une ou deux personnes.

Lors de la publication du décret électoral
en vertu duquel les élections se sont faites
jusqu'à ce jour, je disais, dans une notice que
je publiais alors, que cette loi aurait pour
conséquence forcée de faire faire les élections
par les villes, au préjudice des campagnes dont
les populations ne pourraient pas s'entendre
aussi facilement que celles des villes, à cause
des distances qui les séparent, et ne seraient
pas représentées.

Si la loi électorale n'est point modifiée, ce
résultat, auquel on a cherché à obvier, lors des
élections générales pour l'Assemblée nationale,
par des efforts inouis, pour agiter et faire se
concerter les campagnes, arrivera forcément;
car elles se lassent de ces déplacements suc-
cessifs; elles ne se sont présentées qu'en petit

nombre pour les élections partielles qui se
sont faites après : elles étaient peu nombreuses
pour les élections des Conseils généraux ; elles
l'étaient moins encore pour celles des Conseils d'arrondissement.

Je connais telle commune où il ne s'est
présenté qu'un ou deux électeurs pour ces
dernières élections.

Après tout, dira-t-on, le mal ne serait
pas grand que les élections se fissent plutôt
par les villes que par les campagnes : il y a
plus d'instruction dans les villes que dans les
campagnes, les choix se feraient avec plus de
discernement.

Si dans les villes ne se trouvaient pas une
masse flottante d'ouvriers de tout pays, ne
tenant point au sol, et de gens sans aveu,
que des ambitieux non satisfaits remuent et
dirigent pour leur plus grand profit, ces
masses, qui de nos jours font et défont les gou-
vernements en descendant dans la rue, ce
mal ne serait pas grand ; peut-être serait-il
un bien. Mais, ces masses, elles font les majorités dans la plupart des grandes villes ; en
leur donnant la prépondérance, c'est en réalité
se livrer à elles, dont la mobilité est l'élément.

Depuis 60 ans assez de révolutions ont bou-
leversé notre pauvre France, il est temps enfin qu'elle se crée un gouvernement stable ;
il faut que la République fondée en février soit

forte et vigoureuse, afin qu'elle puisse vivre longtemps; l'asseoir sur un élément aussi mobile, c'est fonder un édifice sur des sables mouvants : à peine sorti des fondations, il s'affaissera sur lui-même, jusqu'à ce qu'il ait enfin été assis sur un sol ferme.

Cette base solide sur laquelle la République doit être fondée, c'est ce peuple sédentaire, attaché au sol par le travail duquel il vit ; ce sont tous les citoyens qui ont quelque chose à perdre dans les révolutions, et non ceux qui n'ont rien qu'à y gagner.

Chaque jour j'entends dire à la tribune que la révolution de février est sociale, que le gouvernement qu'elle doit fonder doit changer la condition des travailleurs, leur assurer l'existence par le travail et la fraternité, qui implique l'assistance.

Ce but, cette tendance, elle n'est contestée par personne ; mais certains utopistes pensent-ils l'atteindre par des déclarations de droits?

Ne le serait-elle pas plutôt par la consolidation du droit absolu au fruit du travail, du droit de propriété enfin ?

Peut-on concevoir le travail sans la propriété, la propriété sans le travail? évidemment non.

Ces deux termes sont corrélatifs : l'un ne peut pas exister sans l'autre. L'homme partout travaille pour arriver à la propriété, et pour travailler il a besoin de la propriété, qui est la matière première, l'élément que ses bras et son intelligence transforment et multiplient à son profit.

.0 multipliant 0 donnera toujours 0: sans propriété point de travail possible.

Donner dans la loi électorale la prédominance aux membres sur l'estomac, au travail sur la propriété, aux masses flottantes des villes sur nos cinq millions de petits propriétaires du sol, et sur les 20 ou 25 millions d'ouvriers des campagnes qui vivent autour d'eux, je dis que c'est négliger l'élément de force et de durée que renferme l'état, pour s'appuyer sur ce qu'il y a dans son sein de moins stable et de plus immoral; c'est vouloir fonder une République aussi peu durable que les affections de ces masses de la rue qui applaudirent aux massacres de septembre, aux pompes impériales et à la rentrée des Bourbons en 1814; de ces masses qui cherchent, avant tout, des émotions; de ces masses qui, à la fin de l'empire romain, faisaient et défaisaient les empereurs, en criant: *panem* et *circences*. La civilisation française, elle aussi, serait-elle à son déclin!..... au lieu des jeux du cirque, lui faudrait-il des révolutions périodiques, et au lieu de pain,... le droit au travail!, comme l'entendent certains constituants, c'est-à-dire les 40 sols par jour de l'atelier national où l'on ne fait rien , de préférence aux trois et aux cinq fr. de l'atelier privé, où l'on travaille.

Habitant de la campagne , je critique le suffrage universel *direct* à mon point de vue; s'en suivra-t-il que l'habitant de la ville n'y reconnaîtra pas les mêmes inconvénients que moi ? C'est possible, mais alors il en rencontrera d'autres plus graves encore. En effet; si dans les villes ne se rencontrent pas les obstacles matériels, la distance, qui empêche beaucoup d'électeurs de voter et de s'entendre avant de voter, il se rencontrera l'influence des clubs, fréquentés toujours par la partie la plus turbulente de la société, et que dirigent, le plus souvent, certains tribuns-populaires dont la position n'est pas faite, ou certains utopistes voulant refaire la société suivant une nouvelle méthode, et qui pour cela ont besoin, au préalable, de la dissoudre; qui, pour exercer de l'influence sur leur auditoire, flatteront ses passions et s'adresseront à elles plutôt qu'à son bon sens, et il arrivera que la passion l'emportera sur le sens commun, que les masses inintelligentes des villes étant mues par un mobile passionnel, une grande partie des voix seront données par la passion et non par la raison.

C'est ce qui arriverait, cependant, si l'action de ces masses inintelligentes restait abandonnée à leur instinct naturel, et se bornait à faire des électeurs de second degré; désignés par le bon sens populaire, leur vote à eux serait plutôt raisonné que senti.

Les sociétés seraient-elles donc destinées à passer toujours d'un extrême à l'autre, sans pouvoir s'arrêter dans un juste milieu! Après l'élection faite par les électeurs censitaires de la royauté de juillet, devrions-nous passer brusquement au suffrage universel *direct*, sans transition aucune, de même que nos pères ont passé de l'excès de la liberté au despotisme de l'Empire! Les leçons de l'histoire seraient-elles donc perdues pour nous! Ne profiterons-nous donc jamais des fautes de nos pères! La froide raison de l'homme qui songe au passé ne peut croire à de telles erreurs.

Quoi! parce que les principes républicains commandent le suffrage universel, il s'en suivrait qu'il devrait être direct à tous les âges des peuples, et que dès notre début dans ce gouvernement, nous devrions en atteindre toutes les conséquences! Ce serait, à mon avis, compromettre notre avenir et commettre une faute énorme. Les lois doivent être dans les mœurs avant d'être dans les codes. Eh bien! je le demande à tout homme raisonnable qui aura fait taire toute passion: le suffrage universel *direct* est-il dans nos mœurs, est-il un besoin pour le peuple aussi vivement senti que celui de la liberté individuelle, de la liberté de conscience ? Évidemment non, et cela est tellement vrai que la majorité des électeurs ignore complétement ce que font ses représentants, ne s'en inquiète pas et serait dans l'impossibilité de formuler le mandat qu'elle leur a confié.

Moralisons d'abord nos classes ouvrières avant de leur conférer tous les droits politiques dont elles devront jouir un jour. Quand nous les aurons instruites ; quand elles pourront en sentir tout le prix ; quand elles sauront comprendre l'usage qu'elles devront en faire ; quand elle sauront en user et non en abuser, alors le moment sera venu de les en faire jouir.

Autrement, je vous le demande, ne seraient-elles pas en droit de nous dire : j'étais enfant et vous m'avez laissé jouer avec des armes dangereuses ; je n'en voyais que l'éclat et le poli ; je n'en connaissais ni l'usage, ni l'utilité ; j'en ai usé comme de tout autre jouet ; mais bientôt là lassitude s'en est mêlée ; elles ne m'ont plus paru aussi brillantes et aussi polies, dès que je les ai eu possédées quelque temps, et elles n'ont pas tardé à passer de mes mains dans celles d'hommes perfides qui s'en sont servi contre moi ; ils m'ont dominé ; ils m'ont asservi, et c'est vous, qui vous dites mes amis, qui m'avez ainsi livré par votre imprudence ; arrière ! c'était pour me séduire.... vous ne m'aimiez pas.

Quelquefois savoir résister au désir populaire, c'est donner au peuple un témoignage de son attachement.

Digoin, le 2 septembre 1848.

CUCHERAT,
avocat.

245

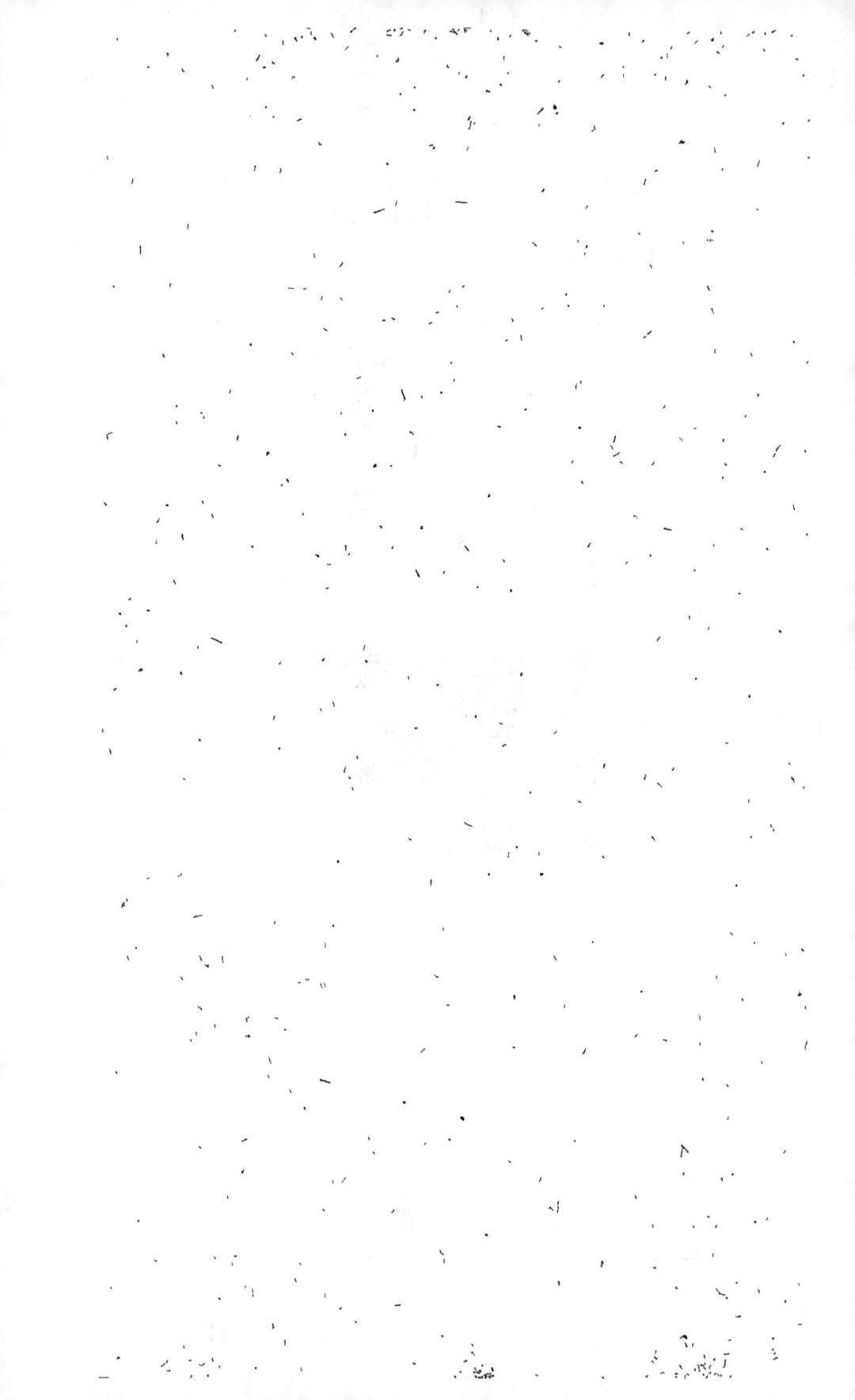

www.ingramcontent.com/pod-product-compliance
Lightning Source LLC
Chambersburg PA
CBHW060723280326
41933CB00013B/2550